長沙馬王堆
西漢軑侯家族墓

湖南省文物考古研究所

何介鈞著

文史哲出版社印行

長沙馬王堆西漢軑侯家族墓 / 何介鈞著. -- 初
版. -- 臺北市：文史哲，民82
面； 公分.
ISBN 957-547-824-X(平裝)

1. 考古

797.82

長沙馬王堆西漢軑侯家族墓

著　者：何　　　介　　　鈞

出　版　者：文　史　哲　出　版　社

登記證字號：行政院新聞局局版臺業字五三三七號

發　行　人：彭　　　　　正　　　　　雄

發　行　所：文　史　哲　出　版　社

印　刷　者：文　史　哲　出　版　社
台北市羅斯福路一段七十二巷四號
郵撥〇五一二八八一二彭正雄帳戶
電話：三　五　一　一　〇　二　八

實價新台幣二五〇元

中華民國八十二年十月初版

長沙馬王堆西漢軑侯家族墓

目　次

2　長沙馬王堆西漢軑侯家族墓

長沙馬王堆西漢軑侯家族墓

前　　言

　　一九七二年四月，正當春暖花開的季節，長沙城內傳開了一個驚人的消息：在市郊馬王堆出土了一座西漢時期的大型貴族墓葬，從葬具到隨葬品都保存完好，特別稀奇的是，內棺盛殮的女屍幾乎像新鮮屍體一樣。不久，墓中出土物公開展覽，長沙出現了萬人空巷爭睹國寶的空前盛況。

　　這座墓被考古學家定名爲馬王堆一號漢墓。

　　一九七二年七月，新華社公布了長沙馬王堆一號漢墓出土的消息，立即轟動了國內外。據新華社統計，世界各國的主要報紙，幾乎都對此事作了報導。因此，長沙馬王堆漢墓的出土成了當年世界最大新聞之一。

　　一九七三年九月到一九七四年初，馬王堆二、三號漢墓也相繼得到發掘。

値得慶幸的是，作爲一個考古工作者，我有緣參與了輝煌彪炳於考古學史的馬王堆漢墓的發掘、整理和研究工作。

一、馬王堆漢墓和軑侯家族

馬王堆在長沙市東郊五里牌，離市中心約八里。這裡是方圓約半里的土丘，土丘的中部，殘存著兩個高約五丈的土塚，這就是“馬王堆”。東邊的土塚是一號墓的封土堆，西邊的土塚是二號墓的封土堆。三號墓的封土堆幾乎全被一號墓的封土所覆蓋，外表上很少露出痕跡，在發掘之前；人們一直以爲這裡只有兩個墓葬。

馬王堆周圍是平坦的田疇，瀏陽河從它的東面轉向西北蜿蜒流過。

關於馬王堆有多種傳說。

民間傳說，馬王堆的名字與五代時楚王馬殷（公元八五二～九三〇年）有關。馬殷曾建都長沙，馬氏父子經營長沙數十年，留下了會春園、九龍殿、小瀛洲、馬王街等許多古跡，這兩個堆子，就是馬殷及其家屬的墓地，所以叫做馬王堆。

北宋《太平寰宇記》（卷一一四）卻記載說這裡是西漢長沙定王劉發葬其母程、唐二姬的"雙女塚"。明清以來的一些方誌也沿襲此說。相傳唐兒原是景帝妃程姬的侍女，一次代程姬陪伴喝醉了酒的景帝，得幸有娠，被景帝收為妃子。後來其子劉發封在長沙國。因為程、唐二姬葬在馬王堆，定王劉發在城東築臺望母，至今還留下了古跡"定王臺"。

這一歷史的謎，直待馬王堆漢墓發掘後才最終揭開謎底。

墓中多件器物上，寫著"軑侯家"銘文，緘封著"軑侯家丞"封泥。根據這些實物並參照文獻記載推斷，馬王堆一號漢墓所葬應該是漢初一個列侯——軑侯的家屬，很可能是某一代軑侯的妻子。它的年代比定王劉發時代要早幾十年，比楚王馬殷所處的五代更要早一千多年。

馬王堆二號漢墓出土了三枚印章；一枚玉質私印，陰刻篆體"利蒼"，另兩枚是明器官印，銅質塗金龜紐，分別陰刻篆體"軑侯之印"和"長沙丞相"，從而準確地證明了此乃長沙丞相，第一代軑侯利蒼的墓葬。

軑侯家族的世系，《史記》和《漢書》中都有記載。

第一代　利蒼　始封侯惠帝三年～呂后二年（公元前一九三～前一八六年）在位八年。

第二代　豨　呂后三年～文帝十五年（公元一八五～前

一六五年）在位二十一年。

第三代　彭祖　文帝十六年～景帝後元三年（公元前一六四～前一四一年）在位二十四年。

第四代　秩（扶）　武帝建元元年～元封元年（公元前一四〇～前一一〇年）在位三十年，國除。

第一代軑侯利蒼任相的長沙國，從高祖五年始封，到文帝後元七年因長沙王沒有嫡子繼位而取消，傳五代，共四十六年（公元前二〇二～前一五七年）。景帝元年（公元前一五六年）復置長沙國，二年，定王發爲長沙王。漢初，王國丞相的官階，略在郡守之上，他是王國官僚機構中的最高長宮，不但統率小朝廷裡的文武官員，而且控制王國的軍隊。據《漢書·諸侯王表序》講："波漢之陽，亘九嶷，爲長沙"。長沙國的地域大體上包括今湖南的絕大部份，還有廣東、廣西、江西、湖北四省區的小部份。利蒼受封爲軑侯，是漢初所封一百四十多個列侯當中的一個，封七百戶。從戶數來看，只是一個不大的侯。因爲封在軑縣這個地方，所以稱爲軑侯。漢軑縣應在今河南光山縣和羅山縣之間。

一號墓出土了一枚印章，上書"妾辛追"三字，使我們得以知曉了墓中所葬貴婦人的芳名。一二號墓墓道兩相平行，都是正北方向。兩個墓的中心連線爲正東西向；這正是漢初流行的夫妻不同穴合葬的格式。利蒼墓在右（依墓頭向），辛追墓在左，正符合當時尊右的習俗。因此，一號墓墓主，毫無疑問就是第一代軑侯夫人。經對女尸解剖研究，推斷死亡年齡在五十歲左右。

三號墓以它出土器物上大量"軑侯家"銘文和"軑侯家丞"封泥，表明埋葬著的也是軑侯家族中的一員。這座墓在利蒼妻辛追墓下首，按禮俗應是她的後代。棺內屍體已腐朽，但還保存骨骸，經鑑定爲男性，年齡約三十多歲，可以推定是利蒼和辛追的兒子。墓中出土了一塊字跡十分清晰的木牘，上記："十二年二月乙巳朔戊辰家丞奮移主葬，郎中移葬物一編，書到先撰，具奏主葬君"。這塊木牘，實際是當世官吏致"陰曹地府"的過所放行條。上面明白地寫著該墓葬於十二年二月戊辰這一天。十二年，經考古工作者研究，認定是漢文帝前元十二年（公元前一六八年）。"二月乙巳朔"，即二月初一是乙巳日，這正符合漢初使用顓頊曆的朔潤。戊辰是二月二十四。史書記載第二代軑侯利豨死於漢文帝十五年。因此，三號墓墓主人不是第二代軑侯利豨，而是利豨的兄弟，利蒼和辛追另一個沒有繼承爵位的兒子。

二號墓墓主利蒼死於公元前一八六年，下葬當在其後不久。三號墓葬於前一六八年，有紀年木牘可證。現在剩下的問題是一號墓埋葬的確切年代。墓裡沒有這方面的文字材料，史書上也找不到有關記載，考古工作者只好借助於地層關係加以分析。一號墓封土堆將三號墓封土堆全部覆壓著，這在考古學上叫“疊壓關係”。在築一號墓時，把三號墓墓坑截掉了一個角，墓道也被切斷，這在考古學上叫“打破關係”。無論從疊壓關係還是打破關係來看，辛追埋葬的時間肯定比她兒子要晚。但兩個墓中的隨葬物，特別是漆器，無論形制還是花紋、銘文，都像一批的產品，說明兩座墓葬的年代相隔不會太遠。此外，軑侯夫人和她兒子的死亡年齡，相差最多不過二十歲上下，因此兩墓下葬時間相距不會超過數年。

這樣，可以把結論用表的形式列述於後。

墓　　　號	二號墓	三號墓	一號墓
墓　　　主	長沙國丞相軑侯利蒼	利蒼的兒子（豨的兄弟）	利蒼妻辛追
死亡或下葬年代	死於呂后二年（前一八六年）	葬於文帝十二年（前一六八年）	葬於文帝十二年後數年

二、規模宏大的貴族墓葬

　　一九六一年，考古工作者在長沙市砂子塘發掘了一座漢文帝時代的木槨墓，當時人們驚奇其規模，形容爲“木槨大如屋”，並由此推測它是“長沙王墓”。而馬王堆漢墓出土後，人們更是驚歎，相形之下，砂子塘木槨墓眞是“小屋（巫）見大巫”，“長沙王墓”的推測也立即消聲斂跡了。

　　馬王堆漢墓構築在堅硬如石的第四紀綱紋紅土層中。一號墓坑南北長十九點五米，東西寬十七點八米，從口至底深十六米，是湖南省內前所未見的最大一座墓葬。坑內制式嚴整，坑口周圍有每層高約一米的四層臺階。臺階之下作斗形坑壁。墓坑下部置放棺槨，叫墓室。墓坑正北有很長的墓道。三號墓形式與一號墓相似，規模略小。二號墓墓坑規模與三號墓相彷彿，但形式十分特殊，上部略近橢圓形，下近墓室時，才變爲長方形。這樣形式的墓葬，從來未曾見過。馬王堆三座墓葬的土方（包括墓坑填土，坑壁培築土和封土），估計在六萬立方米以上。

　　馬王堆漢墓的棺槨，結構十分複雜，大致由枕木、槨室、棺三部份組成。現以一號墓爲例說明。在墓坑底部，橫置著三根巨大的方形枕木。枕木之上，是龐大的槨室。槨室有一層底板。兩層蓋板、四個邊箱和一個較大的棺室。邊箱和棺室均由槨室的內外壁分隔而成。邊箱用以放置隨葬器物，棺室用以放置重重相套的棺材。這種木槨的構造，還沿襲著春秋戰國時代楚墓中的形式，在文獻中叫“井槨”，意思是說形狀像一口方井。一號墓的木槨，全部用粗大的杉木製成，長達六‧七二米，寬四‧八八米，高二‧八米。木槨的上上下下，嚴密平整，用水平儀測量槨蓋板，高度水平。全槨七十塊木板（連同枕木），全用扣接，套榫與栓釘結合而成，不用一根金屬嵌釘。木槨所有的木板，全是整塊的木料，最大一塊槨板長四‧八八米，寬一‧五二米，厚〇‧二六米，重一千五百多公斤。從樹的年輪分析，僅是利用了心材部份，估計原木直徑得在兩米以上，現在湖南已經無法覓到這樣粗大的杉樹了。據有經驗的木工估算，僅一號墓的木槨，現有板材即達五十多個立方米，當初所耗費的原木，至少在二百立方米以上。

　　在棺室內，放置著重重相套的木棺。一號墓有四層棺，均爲梓屬木材製成。三號墓爲三層棺，二號墓爲二層棺。一號墓棺材層數最多，裝飾也最豪華。由外往裡數，第一層爲黑地素棺，第二層是黑地彩繪漆棺，第三層是朱地彩繪漆棺；第四層是錦飾內棺。棺內髹紅漆，棺外髹黑漆。蓋棺以後，在黑漆層外面，橫纏兩道寬十二釐米的帛束，每道六、七層。內棺的四壁和蓋板，都以鋪絨繡鑲邊，以羽毛貼花絹爲中心。羽毛貼花絹是用素絹爲地，再用絹條貼成棱角峻整的圖案。絹條的兩側，還鑲有非常齊整的細窄白邊，然後在絹條上粘貼有光澤的黑色羽毛，在空餘的質地上，粘貼有光澤的金黃色羽毛。彩色羽毛與圖案相輝映，展示了當時工師的高度智慧和優異技巧。三號墓一、二層是素棺，但內棺裝飾與一號墓同樣講究，全部用滿繡雲彩和神獸的絲織物包裹。

　　槨室的邊箱，層層疊疊地堆滿了隨葬器物。一號墓總共隨葬器物一千四百餘件，計有：漆器一百八十四件，陶器五十一件，木俑一百六十二個，竹笥四十八個，各類絲麻織物及服飾一百餘件，樂器和其它竹木雜器一百餘件，冥幣"泥半兩"四十四簍，竹簡二百餘支。三號墓總共隨葬器物一千一百餘件，計有：漆器三百一十六件，木俑一百零六個，竹笥五十二個，竹簡六百多支，還有帛書，帛畫、兵器等。二號墓隨葬器物因棺槨坍塌而大部份砸爛，估計總數也近千件。

　　馬王堆漢墓隨葬如此豐富的珍貴文物，但既無金銀，又無珠寶，連銅器都極稀少，僅一、三號墓各出了一面銅鏡，二號墓出了一件徒具象徵意義的小銅鼎和一件銅弩機。這一現象，真是令人困惑難解。推測是漢文帝下達的"不得以金銀銅錫爲飾"的禁令對貴族們起了約束作用。不准埋金銀珠寶，貴族們只好另謀對策，於是埋葬價格昂貴的漆器成爲一時的風尚。在西漢時期，使用漆器還被視作時髦。據《鹽鐵論·散不足》記載："夫一文杯得銅杯十"，即一件有花紋的漆杯要賣十件銅杯的價錢。《史記·貨殖列傳》列舉了當時通都大邑商賈們用以致富的若干種商品，其中就有"木器髹者千枚"一項，認爲手裡掌握了千件漆器，只要經營得法，可以富足得"比千乘之家"（和千戶侯一樣富有）。

　　馬王堆漢墓隨葬物中，食物的品類極多，大部份盛放在竹笥和麻袋裡，一部份盛放在陶器和漆器裡。根據出土實物鑑定，並參考竹笥木牌文字所記，墓裡糧食品種有稻、小麥、黍、粟、大豆、赤豆、麻子等；水果有梅、楊梅、梨、柿、棗、橙、枇杷、甜瓜等；其它農產品有芋、薑、笋、藕、菱角以及冬葵籽、芥菜籽等。肉食品係用熟食隨葬。肉已全部腐爛，僅剩下多種動物的骨骼。至於肉脯和肉羹，則只能從竹簡記載中得知了。科研部門對現存骨骼進行了鑑定，確認屬於獸類的有黃牛、綿羊、狗、豬、馬、兔，還有現今長沙地區已經絕跡的梅花鹿。屬於禽類的有雞、雉、野鴨、雁、鷳鴣、鷦鶉、鶴、天鵝、斑鳩、鷸、鴛鴦、竹雞、鴞、喜鵲、麻雀、火斑雞等。屬於魚類的有鯉、鱤、刺鯿、銀鮰、鱖等。有一竹笥裡，整整齊齊地放置著兩隻華南兔。有一竹笥裡，層層疊疊地堆積著數十隻鷦鶉和竹雞。有一些小魚，經過文火烤焙，然後用竹簽串著，一串串地放在竹笥裡。特別有趣的是，一、三號墓內各有一笥雞蛋。一號墓笥內蛋白已乾涸成紙狀，蛋殼仍大塊大塊地保存著。三號墓笥內的蛋只剩下殼裡的膜了。根據出土實物和竹簡記載，這些肉食品經過廚師精心烹調，使用的調味品有鹽、醬、糖、蜜、麴、醋等。還有豆豉。豆至今還是湖南瀏陽的名產。烹調加工的方法有羹、炙（烤）、膾（細切肉），濯（將肉放在菜湯裡煮熟）、熬（乾、煎）、腊、濡（煮熟了再和汁）、脯（肉乾）、菹（切成肉末，和醬、醋一道弄熟）等。

　　農產品除隨葬籽實外，還有各式製成品。僅酒一類就分白酒、米酒、溫（醞）酒、肋酒（過濾過的清酒）幾種。餅食品有稻食、麥食、黃粢食、白粢食、粔籹（米粉和蜜製成的糕）、僕侙、稻穎（米粉）、棗穎，白穎、稻蜜糯等。在一個陶盒裡，放置著仍保持原形的用小米製作的餅。從這些食品的出土和竹簡的記載，可以看出漢初江南地區農業經濟的發展，作物栽培以及山林資源狀況。同時也可推測當時貴族之家的食譜。

馬王堆漢墓隨葬的數百個木俑，大多是軑侯家奴婢、臣屬的替身。它們雕刻精細，造型生動，大量採用半肉雕的技法，身體各部位比例較爲適當，身材一般修長，面貌端正，眉目清秀，反映了造型藝術的水平。這批木俑，形體各有大小，造型、服飾均有區別，可以清楚地看出等級身份。有一種木俑，頭戴高冠，身著絲綢長袍，鞋底刻著“冠人”二字。一號墓所出，分別在東、南邊箱，各率領數十個象徵雜役奴婢的彩繪木俑，說明其身份較高，可能是軑侯家的奴婢頭頭兒。著衣女侍俑製作講究，衣著華麗，全是穿繡花衣袍。這些女侍俑出土於一號墓北邊箱，似是在侍侯墓主人宴飲和觀賞歌舞，應是軑侯夫人的貼身奴婢。和其共出的著衣歌舞俑，面部傅粉，這是一種專以自己的歌喉舞姿供主人消遣的特種奴婢。馬王堆漢墓大批木俑的出土；反映了軑侯家奴婢成群，前呼後擁，車水馬龍，熙熙攘攘的浩大排場。

依照軑侯家的法定收入，主要是三項：一是俸祿。第一代軑侯利蒼任長沙國丞相的俸祿。爲佚二千石，俸月二萬，每年共計二十四萬錢。第二代軑侯職務不清楚。第三代軑侯利彭祖的薪俸和利蒼差不多。二是食邑的租稅。《漢書·貨殖列傳》提到：“秦漢之制，列侯封君食租稅，歲率戶二百”。始封七百戶的軑侯，到文帝時可能增至一千多戶，每年租稅在二十萬錢以上，與長沙國丞相年俸相仿。三是朝廷賞賜的歲錢，具體數目不清楚，估計比前兩項要少。

　　從時代先後來看，馬王堆三座墓葬，規模一座大過一座，隨葬品一座多過一座，豪華程度一座超過一座。這種現象，一方面反映了漢初社會物資財富在幾十年的時間內增長迅速。史書記載，漢初皇帝出行，要找四匹顏色相同的馬拉車都深感困難，將相們往往只能乘牛車。而至文帝時，由於幾十年和平安定的環境，由於採取了一些有利生產的措施，以致"府庫充盈"，"牛羊遍野"，當官的乘牛車被認爲是一種恥辱。另一方面，也反映了軑侯家的飛黃騰達，由於爵位世襲，享有特權，官高祿厚，加上子孫繁衍，所以當修建一號墓時，其厚葬的程度，早已是"今非昔比"的了。

18　長沙馬王堆西漢軑侯家族墓

三、保存二千多年的完好古屍

　　中國古代曾迷信玉石能夠寒屍，以使不腐。一九六八年河北滿城發掘西漢中山靖王劉勝和他的妻子竇綰墓，發現兩套金縷玉衣，但屍骨卻已無存了。

　　中國古代文獻中曾屢見屍體保存千年不腐的記載，但令人閱後總覺誇張離奇，不可憑信。俗話說：“耳聞爲虛，眼見是實”嘛！

　　馬王堆一號漢墓出人意料地保存了一具完好的女屍，使人們的疑惑冰釋，並令世界對中國古代防腐科技的水平刮目相看。

　　當一號漢墓的內棺在室內揭開時，人們首先見到了浸泡在茶褐色棺液中的大堆絲綢。待到一周後絲綢剝離，奇跡出現了，一具完整的女屍展現在人們面前。屍體立即用福爾馬林浸泡起來。

這具女屍，外形完整，全身柔軟，皮膚緻密，呈淺黃褐色，觸摸有油膩感。身高一五四釐米，現重三四・三公斤。大部毛髮都在，手指和足指的紋路清晰，皮下脂肪豐滿，軟組織還有彈性，剛出土時往體內注射防腐液時，血管還能鼓起，一部份關節還可稍加活動。從體表看，眼球突出，口張開，舌外吐。專家認爲這是死後“早期腐敗現象”所致。除此以外，外形與新鮮屍體相似。

一方面爲了更有利於保存，另方面爲了取得更豐富的研究資料，醫學科學工作者決定對女屍進行解剖。

在經過七、八個月的防腐處理後，一九七二年十二月十四日，屍體由湖南醫科大學的專家主持解剖。解剖工作緊張而又有條不紊地進行。

筆者親眼目睹了解剖的全過程。

隨著醫學專家嫻熟的操作，古屍的頭骨鑽開了，腹腔和胸腔剖開了，腔內器官一清二楚地呈現在人們眼前。

包在腦子外面的腦膜依然完好；腦子明顯地縮小了。

胸腔內的器官，如心、肺、氣管、肝、膽囊，膽管、胰、脾、食管、胃、腸、腎、泌尿系，內生殖器官都保存了較完整的外形，而且相互位置基本正常，只是都不同程度地縮小變薄，重量減輕了一半。肢體內血管結構清楚，腹壁層次分明。極容易腐敗的淋巴導管依然存在。甚至像頭髮般細小的肺部迷走神經叢，也還歷歷可數。

　　婦科檢查表明軑侯夫人生前曾生育過。

　　用現代的科學技術分析發現，作爲器官支架的纖維性結締組織保存得最好。在結締組織中佔主要地位的膠原纖維，或者縱橫交錯，或者成束狀排列，輪廓異常分明。在電子顯微鏡下，其周期性帶狀結構十分明顯，幾乎無異於新鮮屍體。在全身細胞已基本解體的情況下，還能觀察到各種類型的細胞膜、細胞核和精細的顯微結構。一些重要的生物高分子，如膠原蛋白、肌肉蛋白，頭髮 a 蛋白，某些脂類，多糖等，均在一定程度上保存了它們的結構和性質。紅血球，現在仍然保持原來的圓形，它們三個五個地聚在一起。利用靜脈血管裡兩小塊凝固了的血塊以及從古屍肌肉、胃、肝、頭髮等組織取樣測定血型，證明是 A 型（假髮爲 B 型）。

　　經過內、外、婦、五官、口腔、皮膚、神經，放射等科多種病理檢查，發現軑侯夫人生前患有多種疾病。曾患嚴重的冠心病，全身性動脈粥樣硬化症，嚴重的多發性膽石症。膽總管末端有一塊蠶豆大的結石，肝管匯合處也有一塊像黃豆大的結石。此外還有膽囊先天畸形；左上肺有結核鈣化病灶；右前臂骨折畸形癒合；第四腰椎間隙變窄，有骨質增生；血吸蟲病；蟯蟲及鞭蟲感染。

　　死亡年齡在五十歲左右。

專家認爲可能是膽絞痛造成放射性冠狀動脈痙攣，以致心率紊亂猝死。因爲在解剖時在她的腸內發現一百三十八粒半甜瓜子，所以可以證明她死於瓜熟季節的夏日。

整個解剖的過程，精心地攝入了彩色影片《西漢古屍研究》。

古屍研究所取得的巨大成果，反映在湖南醫學院（現名湖南醫科大學）主編的《西漢古屍研究》一書中。

古屍雖然經歷了二千一百多年，仍然保存完好，以至於還能對死者的疾病和死亡原因作出有根據的判斷，這在世界屍體保存記錄中是十分罕見的。它明顯區別於一般保存下來的呈乾癟狀的“木乃伊”和表面似蠟製模型軀殼的“屍蠟”，也不同於皮膚呈皮革狀，骨質已脫鈣軟化而容易切斷的鞣屍。因此，科學工作者認爲，在分類上應把這類屍體稱爲“濕屍”。

這具古屍得以保存下來的原因，是人們最關心的問題。根據現有的研究資料和考古發掘的實例來看，基本原因是：密閉深埋，造成一個長期缺氧的環境。另外，棺液的濕潤和抑菌作用，也是不可忽視的因素。

《儀禮》，《禮記》等記載，貴族死後要用香草熬製湯藥酒給屍體沐浴，使之“香美”，“去穢”。之後，就要進行穿戴，喪禮中稱作“襲”和“殮”。出土時古屍身上穿著、包裹、覆蓋的絲麻衣衾有二十二層之多，外面還紮了九道絲帶，臉面用面罩蓋著。這樣很快隔離了空氣，使一些微生物無法侵入，對阻滯屍體的早期腐敗過程應有一定的作用。在停屍地面舉行喪禮這段時間，據《士喪禮　》等禮書記載，古代喪禮中已使用冰盤寒屍，想來當初軚侯家也會採取類似的寒屍措施。停屍的時間，按《禮記・王制》上規定："天子七日而殯，七月而葬；諸侯五日而殯，五月而葬；大夫、士、庶人三日而殯，三月而葬。"由此看來，作為軚侯的妻子停屍至多不過五日就要封棺存放，然後擇吉而葬。辛追的棺木非常講究，內外髹漆，蓋口用膠漆封固，於是屍體就處於密閉條件下。由於棺內空間被屍體及包裹物塞滿，留下空氣很少，屍體初期的腐敗過程和棺內物資的氧化過程，很快消耗了棺內的氧氣，形成缺氧環境。如果屍體入棺前曾灑過一些酒，或棺內倒有酒，就更使棺內氧耗加快，屍體腐敗過程就逐漸延緩並最終停止下來。以上是從停屍到入棺的可能情況。

　　再看墓葬條件。一號墓構築在滲水能力很差的第四紀綱紋紅土層中，墓坑深達十六米，墓底已接近沙石層。墓外滲進的少量水份可由沙石層排走，而不致瀦積。由於深埋，隔斷了光線的照射，有效地與地面大氣隔離，從而使墓室減少了外界氣候變化對它的影響，並保持攝氏十八度左右的相對恆溫。層層密閉的套棺，外有木槨，置於墓坑深處。木槨上下四週，填塞了一萬多斤木炭，木炭有防潮作用。木炭外面又用六十～一百二十釐米厚的白膏泥填塞封固。白膏泥的主要成份是二氧化硅、三氧化二鋁以及少量一氧化鐵，成份和性質接近於瓷土，質地細膩，粘性強，可塑性好，具有極好的密閉性能，這就阻礙了內外空氣和水份的流通，形成了密封的墓室。整個墓坑用粘土分層夯實，極爲牢固。由於密閉墓室，室內空氣逐漸爲隨葬品中易腐的魚肉等食物和其它物質的氧化過程所消耗，慢慢地導致了墓室內缺氧。同時，各種無機物在無氧的條件下，由於甲烷菌的作用，產生可燃氣體，主要是沼氣。長期缺氧，無氧以及細菌本身代謝產物的積累，導致細菌死亡，有機物的腐敗過程和隨葬品的損壞變化就趨於停止。由於深埋和白膏泥密封造成的墓室環境，對於保存棺木不致腐朽和長期保存屍體來說；無疑是極爲有利的條件。

除了深埋，密閉等基本原因之外，棺液（重約八十公斤）對於保存屍體的作用也是可以肯定的。棺液呈茶褐色，據化驗爲酸性，含有乙醇，即酒精（百分之〇・一一），乙酸即醋酸（百分之一・〇三）以及其它有機酸。沉澱物及浮懸物中含有大量的硫化汞（硃砂），具有較強的抑酶（蛋白水解酶）的作用和輕度的抑菌作用。這種棺液浸泡屍體，有利於防止腐溶和保持屍體的濕潤。

　　棺液的一部份當來自屍體的初期腐溶和分解，即"屍解水"。由於墓室中濕度大，氣相水分子也可能慢慢地透過槨、棺、漆皮滲入棺內，天長月久，積聚凝成。不過從棺液中乙醇、乙酸如此多的含量來看，當初有可能在包裹屍體的織物上或者在棺內噴灑過藥酒。

四、獨步當世的紡織和髹漆工藝

　　馬王堆漢墓出土各種絲織品和衣物，年代早，數量大，品種多，保存好，眞是令人眼花撩亂，大開眼界。

　　一號墓邊箱出土的織物，大部份放置在六個竹笥之中，除十五件相當完整的單、夾綿袍及裙、襪、手套、香囊和巾、袂外，還有四十六卷單幅的絹、紗、綺、羅、錦和繡品，都以荻莖爲骨幹，捲紮整齊，以象徵成匹的繒帛。另有一部份是用於盛殮屍體。三號墓出土的絲織品和衣物，大部份已殘破不成形，但錦的花色較多，給我們留下了好些一號墓所沒有的品種。

　　中國是世界上養蠶、繅絲、織綢的原產地，曾以絲國聞名於世。秦漢時期，通過“絲綢之路”，的傳播，對世界紡織科學的發展，產生了深遠的影響。長江流域由於氣候溫暖濕潤，極其適宜於植桑養蠶，所以自古以來就是絲織品的重要產地。長沙的春秋戰國楚墓中曾多次出土過包括絹、紗、羅、錦等好幾個品種的絲織品，反映了長沙地區先秦時期在絲綢織造工藝方面所達到的水平。而馬王堆漢墓絲織品，更充分反映了長沙地區漢代紡織業的高度成就。

絲織物纖維原料，經過多種現代化方法測定，是家養桑蠶絲。單纖投影寬度爲六‧一九～九‧二五微米，單纖截面積爲七七‧四六～一二〇平方微米。這樣的細度，是秦漢時代長期講究飼養方法的結果。

馬王堆漢墓出土的絲織品，按織物組織分有平紋組織的紗、絹、縠，有絞經組織的羅，有斜紋組織顯花的綺、錦，有提花起絨織物絨圈錦。另有人工編織的組帶和在各種織物地子上的刺繡和印花。

紗是一種纖細、稀疏方孔，輕盈的平紋織物，它是絲織物中最早出現的品種。馬王堆漢墓出土的素紗襌衣，使我們了解到這種古老的品種其織造技術到西漢時達到了何等令人嘆爲觀止的地步！素紗襌衣中的一件長一二八釐米，袖長一九〇釐米，包括領、袖上較厚重的紋錦緣邊，在天平上稱量，重僅四十九克，每平方米素紗重十五‧四克，眞是薄如蟬翼，輕若烟霧，舉之若無。之所以如此輕薄，取決於蠶絲纖度的勻細。這件素紗襌衣單絲纖度爲一〇‧二～一一‧三袋，即九千米長，才重一〇‧二～一一‧三克，纖度之細，超過了現代高級織物喬其紗。《詩經·鄭風·丰》說："衣錦褧衣，裳錦褧裳"，鄭玄箋、孔穎達疏都說：褧衣即是襌衣。因為婦女衣著尚輕細且欲露飾紋，因此在錦衣的外面罩上一層透明的單衣，既可增添華麗，又可使錦衣的花紋若隱若現。

羅是質地輕薄透亮，經紗互相絞纏後呈椒孔的絲織物，相似於現代生產的機織紗羅織物。但其織物的表面沒有明顯的稀疏，成品的經絲因受絞經的糾纏不易拆開，通過提花綜的配合，使地部和花部顯現大小不同的網狀紋。馬王堆漢墓出土的紋羅織物以菱紋羅最多，也最雅致。它以粗細線條構成有明有暗，明暗相間的兩種菱形花紋。粗花紋線條挺拔有力，菱環相扣緊湊，大小重疊組成四組對稱的圖案。細花紋精緻工整，上下對稱，圖樣清晰秀麗。地子部份結網孔眼均勻透亮，素潔大方。

紋綺是一種使用一組經絲和緯絲交織的本色、素地、生織、煉染的提花織物。平地起斜紋花，質地較鬆軟，光澤柔和，色調勻稱。這次出土的紋綺織物較多，有對鳥菱紋綺、幾何菱紋綺等。特別精美的是對鳥菱紋綺。它的花紋圖案題材豐富，構思新穎，風格獨特。它以細線條的回紋組成縱向連續的菱形紋。變形的對鳥和兩種不同的變形植物花草紋樣呈橫向交替嵌在菱形花紋框內。由於是在平紋素地上起斜紋經花，所以花地十分清晰。

　　錦是以彩色絲線織出斜紋重經組織的高級提花織物。其基本組織均爲四枚紋變化組織，運用一上三下、二上二下、三上一下等基本規律和不同色線提經起花，一般可分爲雙色、三色和多色錦三類，但以雙色爲主。花紋經爲主色調，顯示在起花部份，多用明朗色調。地色多深沉、穩重。馬王堆漢墓出土的隱花孔雀紋錦和隱花星形花紋錦均爲兩色錦，經緯密度分別爲一一八根、四十八根和一一二根、四十五根，經密緯疏。幾何紋錦、紺地絳紅鳴鳥錦、香色地紅茱萸錦均爲三色錦。隱花紋錦紋樣設計以線條爲主，寫意和塊面紋較少，花經和地經的色澤相近，要在面光照射下才顯出花紋來。平面呈花的幾何紋錦等，紋樣設計運用線條，塊面和點子相結合。

　　在出土紋錦中，有一種叫絨圈錦，它的製作繁難，最能反映出當時織造的工藝水平，而且爲我國起絨技術的創始時期提供了新的證據，在紡織史的研究中具有特殊的價值。絨圈錦經緯密度每釐米爲一七六～二二四根和四十一～五十根，每幅總經數爲八八〇〇～一一二〇〇根，，用二色或三色。緯絲用單色。經線有四組：一組底經，兩組地紋經和一組較粗的絨圈經。底經、地紋經分別用十粒或十七粒的繭子組成不同纖度的一根生絲。而絨圈經是用相當於底經五倍的四根生絲組成。這樣粗的生絲，只有用絡絲車並絲加捻才能實現。

底經是有規律的一上三下按平紋式排列，可用綜架提沉，與緯絲組成錦面的地子。兩組地紋經和較粗的絨圈經都需提花束綜來管理升降運動。提花束綜通過牽線，由人工挽花，使它提起應提的花紋束綜。絨圈錦有兩種緯絲，除了織入錦內的正式緯絲，還有一種是織入絨圈經內起填充絨圈作用的起絨緯。起絨緯織成後抽去，這樣絨圈經就成為浮起在錦面的一個個環圈。如果用刀將言些環圈割開，就可以形成絲絨，所以它是早期的起絨織物，說明早在兩千多年前，我國除掌握了平紋、斜紋和變化組織、複雜的重經組織以及紗羅組織之後，更進一步創造了初期的起絨組織。

　　馬王堆漢墓出土絲織物中，數量最多的是繡品。湖南自古至今，都是我國刺繡的著名產地。湘繡素以色彩艷麗、紋樣生動著稱，與蘇、粵、蜀繡一道被譽為我國四大名繡。馬王堆漢墓出土的繡品，有的在竹簡遣策中記下了名稱，有乘雲繡、長壽繡和信期繡等。這些名稱可能是因為刺繡的花紋中包含了相關的寓意。乘雲繡上繡著翻騰飛卷的雲霧，雲霧中可見露著頭部的神獸。長壽繡上用各種彩色絲線繡出雲彩，花蕾和葉瓣。這種花蕾和葉瓣，在古代可能象徵著長壽。信期繡圖案單元小，線條細密，做工精巧，布滿變形的長尾的小鳥，似是燕。燕是定期南遷北歸的候鳥，這樣就和“信期”二字發生了關聯。除信期繡、乘雲繡、長壽繡外，還有好多種在竹簡上沒有記載名稱的刺繡。各種精美繡品，針法基本上都採用鎖繡（又叫辮子股繡）。部份繡品上採用兩種新的技術。有一件長壽繡殘片，爲了使花紋尖端更細，繡工們除了改變繡線的絲縷之外，在最尖端處使用了類似接針的繡法，與後來打籽繡的針法非常相似。另外，一號墓內棺外面裝飾鑲邊的鋪絨繡是以直針針法滿繡而成，可以說是迄今所見我國最早的平繡作品。

　　馬王堆漢墓絲織物所使用的色譜非常豐富，有朱紅、深紅、茜紅、深棕、淺棕、深黃、金黃、淺黃、天青、藏青、藍青、淺藍、深綠、黑、銀灰、粉白等，達三十六種之多。經研究，使用的顏料有朱砂（硫化汞）、絹雲母、硫化鉛等礦物顏料，有茜草、梔子、靛藍、炭黑等植物顏料。並已掌握了浸染、塗染、套染和媒染等一整套染色技術方法。這些經過染色的絲織物，在地下埋藏了兩千多年，至今顏色仍然純正鮮明，可見染色質量之高。

　　關於我國的印花絲織物，秦漢時的文獻雖有所記載，但從未發現過實物。印花技術是染色技術發展到一定階段的產物。從馬王堆漢墓出土的印花織物來看，當時的技術已臻於成熟。一號墓中發現三件印花敷彩絲綿袍和兩件保存相當好的印花紗，是用印花和彩繪相結合的方法加工的。印花敷彩紗花紋色彩有六、七種之多，保存最好的是朱紅、粉白和墨綠，至今還很鮮明。紋樣似爲藤本科植物的變形，由枝蔓、蓓蕾、花蕊和葉組成。藤蔓是用鏤空版印到織物上的，而花、葉及蓓蕾則是在枝蔓印好後，再用手工把色漿一筆筆描繪，六種顏色，分六次用筆描繪。印花和繪花相結合，對於早先單純的“畫繢”是一個大發展，對古代刺繡紋樣的束縛是一個大突破，它的重大意義是孕育了印染工藝的進一步革新。一號漢墓出土兩件成幅的泥金銀印花紗，採用塗料色漿，用凸板以多版分色印花方式加工而成。一個模版只能印一個花紋單元的一部份，所以單位紋樣要用三版套印。可以說是目前世界上所見最早的彩印實物。這在科技史、印染工藝史以及雕版印刷史上，都是創舉。有的專家認爲套版印花爲後來興起的鏤空版篩網印花、紋纈印花作了技術上的準備。

　　馬王堆一號墓中出土保存完整或基本完整的服飾達二十七件。其中有絲綿袍十一件、夾袍一件，單衣三件、單裙二件、手套三雙、鞋子四雙。三號墓中保存完整的有一雙鞋子和一頂漆纚紗帽。纚是指表面呈網狀的絲織品，漆纚紗帽就是用表面塗漆有透亮網孔的纚紗製作的冠；或稱烏紗帽。這頂漆纚紗帽是一件罕見的精品，看上去就像烏絲編就的一樣。

　　馬王堆三號墓隨葬的兩個衣物竹笥，雖已腐朽無存，但在竹簡遺策中提到有“襌衣”，“複衣”，“長襦”，“便裳”，“縱”等，還有“楚服”，“漢服”，“胡服”等衣物的具體名稱。另外還提到一些織物花紋名稱，如卷草、藍、連珠、斿豹等，可以作爲研究漢代織造技術和服飾制度的重要參考資料。

×　　　　　×　　　　　×　　　　　×

漢代的髹漆器物，在各地墓葬中多有出土。但像馬王堆一，之號漢墓所出漆器，保存如此完好，大部份出土時還光亮如新，卻是令人難以置信。

馬王堆一號墓出土漆器一百八十四件。三號墓出土三百一十六件。合在一起正好是五百件。這樣大量的漆器出土，在我國考古史上是第一次。

就品類說來，有盛放食物的鼎、食奩、盤、盂、盒；盛酒或肉羹的壺、鍾、鈁；吃酒和喝湯的耳杯、卮杯；舀取食物的勺和匕，用於盥洗的沐盤、匜承托食具的案、平盤；盛放各種梳妝用具的多子奩盒；娛樂用的博具；日常生活和作擺設的几，屛風；還有掛放武器的兵器架。胎質主要有木胎和夾紵胎兩種，也有少量爲竹胎。木胎的製法有輪旋、割削和剜鑿、卷製三種，不同器形分別採用不同的方法。夾紵胎是先用木頭或泥土製成器型，作爲內模，然後用多層麻布或繒帛附於內模上，逐層塗漆，乾實之後，去掉內模，便剩下麻布或繒帛的夾紵胎，這就是我國器工藝的獨特創造——“

脫胎法"。

　　馬王堆漢墓漆器上施花紋，主要方法有漆繪，油彩和錐畫三種。漆繪最常見，用生漆製成半透明的漆液，加入各種顏料，描繪於已經髹漆的器物上，色澤光亮，不易脫落。油彩，是用油汁（可能是桐油或蘇子油）調入硃砂、石綠、石青、白粉等礦物粉狀顏料，繪畫在髹漆的器物上。色彩有紅、黃、白、金、灰、綠等，金色顏料似爲黃銅粉，出土時已部份銹蝕成孔雀藍色。馬王堆漢墓油彩漆器中出現一種前所未見的工藝；用漆槍擠出的白色凸起線條作爲勾邊，然後用紅、綠、黃等色溝塡花紋。色彩斑爛，極爲華麗，接近於後代建築上使用的瀝粉裝飾方法。甚或還形成堆漆，效果猶如淺浮雕，有較強的立體感。錐畫，這是馬王堆竹簡中記載的名稱，原本習稱"針刻"。通常是在尙未乾透的漆膜上，用針或錐加以鐫刻。錐畫的花紋細如游絲，格外地精巧纖麗。漆器花紋紋樣，主要是幾何紋類型，包括方連變體花紋，鳥頭形圖案、幾何雲紋、環紋、渦紋、點紋，波折紋等。其次爲龍鳳雲鳥，花草紋類型。包括雲龍紋、雲鳳紋、鳳紋、龍紋、雲氣紋，卷雲紋。單是一種雲紋，就有十數種變化。再其次爲寫生的人物、動物類型，有人、神怪、貓、犬、鹿、龜、魚、鳥、鼠、蛇等。

　　讓我們一起來欣賞幾件漆器藝術的精品。

　　一號墓二、三兩層彩繪漆棺，是漢初漆器中極其難得的傑作。第二層漆棺以黑漆為地，上面彩繪著漫卷多變的流雲和一百多個形態詭譎的動物，神怪的形象，相互構成五十多個各具神態的生動場面，包括搏鬥追逐，狩獵射擊、歌舞彈奏等內容。在畫面上出現得最多的，是一種似羊非羊，似虎非虎，頂豎長角，獸身有尾的怪獸。這種怪物，往往銜蛇操蛇，也有袍服人立的，但四肢似猿，手足不分。過去長沙、信陽、江陵等地的楚墓中，常有口吐長舌，頭有鹿角，兩手操蛇的木雕怪物，一般認為是避邪的鎮墓獸，形象和漆繪棺上所畫有相似之處。在棺的蓋板上，用三組畫構成了一個連續的故事情節；一隻仙鶴在悄悄地覓食，青蛙倉猝逃命。怪神叉腰而坐，吞食著青蛇。在棺的兩側面中，繪有怪神鬥牛以及怪神間操戈矛、揮劍戟的激烈廝殺。還有正在休憩的貓頭鷹和正在向上吐氣的長尾朱雀。有怪神正在追逐一隻飛鳥，有怪神作洋洋自得狀等。怪神和禽獸形態各不相同，變化多端，在雲氣間安排得十分得體。而流雲則舒卷自如，瀟灑奔放。有些甚至沖破了邊柱的限制，顯示了畫師的藝術魄力。在繪製方法上，既使用了凸線勾邊，又使用了堆漆，立體感特強，以致不少中外參觀者感嘆說："油畫的起源地應在中國！"第三層漆棺，通體內外都塗朱漆。這種在《漢書》上記載為"內外洞朱"的彩繪漆棺，只有身份很高的貴族才能享用。這具棺，在鮮艷的朱漆地上，用青綠粉褐、藕褐、赤褐、黃白等顏色彩繪龍、虎、朱雀、鹿等象徵祥瑞的禽獸，一道攀登仙山。蓋板上畫著中國傳統稱之為"龍虎鬥"的圖像。兩龍的龍頭相對，居於畫面中部的上方。龍身各自向兩側蟠繞，尾伸至左右兩下角。兩虎相背於兩龍之間，分別攀在龍頭之下，口嚙龍身。頭檔畫著天鹿仙山。圖案化的仙山頂立在畫面的中央。山的兩側，各有一鹿，昂首騰躍，周圍飾以繚繞的雲氣。足檔繪二龍穿。左側面繪龍、虎、鹿、朱雀、仙人和仙山，與東漢時開始盛行的四神比較，圖裡沒有玄武，但有鹿。梅花鹿兩角粗壯，四足翹舉，十分健美。

　　在三號墓中出土的博具，是目前所見我國古代唯一完整的一具六博（古書中又寫作陸博）用具。包括博具盒、博局、棋子，"直食棋"，箸狀籌碼，木骰和角質環首小刀、木削、木鏟等。這套博具可能是墓主人生前陳置玩弄過的，出土於北槨箱東端。博具盒、博局均為木胎漆器。盒上錐畫著飛鳥、雲氣，並夾雜著紅色漆繪的幾何花紋。方形的博局上用象牙條嵌成方框、十二個曲道和四個飛鳥圖案。局即棋盤，不用時嵌在盒內，使用時從盒內取出。因為局與盒正好嵌合，沒有縫隙，手指無法插入，製作者在盒底穿了一孔，安置一個活動木栓，將木栓往上一頂，博局自然而然地掀起了。將博局取出後，可見盒底分隔為方形、長方形、橢圓形的格子，

存放著棋子，"直食棋"、骰子，籌碼和工具。棋子，"直
食棋"、籌碼均係角質。長方塊形的棋子六白六黑。較小的
灰色方塊形"直食棋"共二十枚。"直食棋"是襲用竹簡中
記載的名稱。籌碼在竹簡上叫"筭"，共四十二根，有長短
兩種。骰子古代又稱煢，為球形十八面體，每面均有陰刻篆
體文字。一面刻"驕"，相對的一面刻"妻"，其餘各面分
別刻數字一至十六。陸博起源很早，至遲在春秋時已經出現，
戰國時開始風行。西漢時有《六博經》，東漢時有《博經》，
專介紹六博的玩法，但均已失傳了。以馬王堆出土這套完整
博具為依據，參照後代書上引用《博經》的片語隻言，以及
漢代六博俑，畫像石、畫像磚上的圖像，可以推測它的玩法
大致是；兩人對坐，一人執白，一人執黑，分別布於博局十
二道上，然後擲骰，依出現的數字運棋。博局當中方框叫"
水"。東漢時"水"中置魚。"二人互擲采（骰子）行棋，
棋到之處即豎子，名為驕棋，即入水食魚，亦名牽魚。每牽
一魚，獲二籌；翻一魚，獲二籌"（宋代洪興祖《楚辭·招
魂》補註引《古博經》）。最後誰得的籌碼多，誰就為勝。
馬王堆漢墓所出沒有"魚"，或許西漢時還不興用"魚"，
而是用"直食棋"。

　　雙層九子奩出土於一號墓中。竹簡上叫它"九子曾檢"。
檢即奩。曾即繒，亦即絲帛。因它除雙層底為斫木胎外，器

蓋、壁均是以繒帛爲材料的夾紵胎。器身分上下兩層，連同器蓋共三部份。器表黑褐色地上刷一層極薄的金粉（加適量銀粉，叫清金漆），再用油彩繪上黃、白、紅三色雲氣紋，璀璨耀眼，華麗無比。上層隔板上放著手套、絮巾、組帶、繡花鏡套。下層底板很厚，鑿有九個凹槽，嵌放著九個圓形、長方形、橢圓形、馬蹄形的夾紵胎小奩盒，花紋有漆繪的，有油彩的，也有錐畫的。

　　狩獵紋漆奩，出土於三號墓中。器上的花紋線條比頭髮絲還要細，必須就著明亮的光線才能看見。蓋上和底內錐畫著撒腿奔跑的小兔，潛水游動的魚群，展翅凌雲的飛鳥和匍匐在地的耗子。四周是瀰漫的雲氣和幾組不同的雲鳳紋。外壁錐畫著雲紋和神人乘龍，飛鳥，狩獵等紋樣。其中狩獵的畫面佔據主要位置，畫得極其生動。獵人手執長矛，追逐著兩頭奔鹿。其中一頭正在騰空跳躍，另一頭倉皇已極，急急逃竄。

　　龍紋漆几，出土於三號墓中。几面光亮的黑色地上，用紅、赭、灰綠諸色，描繪著乘雲穿霧，張牙舞爪的巨龍。几面下有長短兩對足。短足固定於几的背面。長足與几面之間用活動木栓聯接，可以轉動，如同動物的關節一樣。如若需將几面檯高，只要把長足豎起就行了。若要席地而坐，用作依憑，則可將長足收攏，用木栓卡掛在背面，這樣就靠短足著地。調節、使用都很方便。這件兩用漆几，構思巧妙，匠心獨運。

五、十代典籍一次空前發現

　　馬王堆漢墓中，頭一件使人驚嘆的是二千一百多年保存完好的女屍，而第二件使人驚嘆的應推出土的一大批帛書了。

　　馬王堆漢墓帛書，是中國考古學上古代典藉的一次重大發現。這批帛書出自三號墓東邊箱的一個長方形盝頂蓋的髹漆木奩中。帛書的存放方式分兩種：用四十八釐米的整幅帛繕寫的，將其次第折疊成高約二十四釐米，寬約十釐米的長方形；用二十四釐米的半幅帛繕寫的，以寬二～三釐米的木條爲骨幹，將其卷起。出土時前者折疊處已經斷裂，後者也有粘連破損。經過細心修復，整理和考訂，現已判明共三十多種，近十五萬字。

　　帛書以細絹作書寫材料。書寫之前，有的在帛上畫出寬〇·七～〇·八釐米的界格，叫"朱絲欄"。寬幅的滿行六十～七十字或稍多，窄幅的滿行三十餘字。凡有篇題的，都寫在末行空白處，有些還記明字數。但多無書名，整理時根據內容定名。除個別字用硃砂書寫外，都是墨書。

　　帛書文字除小篆和隸體外，大部份是小篆向隸體演變的一種過渡形式——篆隸體。而這種篆隸體正是古文字學家“夢裡覓她千百度”的秦隸。

　　關於秦隸的產生，前人已有很多論述，有秦人程邈創造隸書的說法。但秦隸的形像到底是什麼樣子，誰都說不清楚。而馬王堆漢墓出土帛書《老子》甲本，抄成於漢高祖稱帝以前，可以作秦隸的標本。其特徵是結構上正方、長方、扁體不拘，筆劃上方圓並用，行筆簡疾，有明顯的粗細變化，捺筆粗重，並已具有波挑之勢。字形一部份還保留篆體的意味，而同一個字也存在篆體和隸書的寫法。偏旁已基本上趨向規範化，用筆和結體已基本一致，出現了有連筆和草書式的筆法。可說它帶有脫胎於篆體的某些痕跡。但主要用筆，已經擺脫了篆體那種圓渾，均勻的形態，筆劃已具有輕重疾徐和波挑之勢，已明顯具備了隸書的主要特徵，表明絕非初始形態。

　　帛書內容以古代哲學、歷史為主，也有相當一部份是自然科學方面的著作，還有各種圖籍和雜書。其中大部份是歷史上早已失傳的佚書。少部份雖然流傳了下來，但和現行的版本比較，有很大的出入，保存了這些書籍早期的形態。因此，其史料學上的價值是無法估量的。

現將初步整理結果，分類編目列述。

《周易》及其卷後五篇古佚書

《老子》甲本及卷後四篇古佚書

《老子》乙本及卷前四篇古佚書

《戰國縱橫家書》

《春秋事語》

《五星占》

《天文雲氣占》

《相馬經》

《足臂十一脈炙經》

《陰陽十一脈炙經》

《脈法》

《陰陽脈死候》

《五十二病方》

《產經》（附圖）

《養生方》兩種

《卻穀食氣》

《刑德》

《陰陽五行》兩種

《地形圖》

《駐軍圖》

《築城圖》

《園廟圖》

《導引圖》

《喪禮圖》

《木人占》

《符籙》

　　如此浩瀚的古籍，本文只能擇取其中最重要的部份，對其內容和價值略加介紹。

《周易》及其卷後佚書

　　《周易》，隸書，寫在整幅帛上。內容包括三個部份。第一部份為《六十四卦》，即通常所說經的部份。與已知各本對比，不僅卦名不同，而且卦序，卦辭和爻辭也有差異。例如它把八卦按陰陽，排成乾坤、艮兌、坎離、震巽。機械地再分開成乾艮、坎震、坤兌、離巽。依次把它們作為上卦，每個卦下再按乾坤、艮兌、坎離、震巽的次序輪流配合，湊成下卦，出現了八八六十四卦。這種排列法較為原始，應是較早的本子。第二部份為卷後佚書五篇，約九千六百字。後三篇有篇題，為《要》、《繆和》、《昭力》，除《要》的部份文字見於今本《繫辭下》外，其餘都是不曾流傳下來的佚書，記述孔子和弟子討論卦、爻辭含義的情況。第三部份爲《繫辭》，章節次序、文句和今本有很多不同，且有二千餘字的佚文。

《老子》甲、乙本

《老子》流傳下來的本子，分上下篇，上篇《道經》，下篇《德經》。所以《老子》別名《道德經》。帛書甲、乙本編次剛好相反，《德經》在前，《道經》在後。看來，這很可能是《老子》原來的編次。

《老子》乙本卷前有佚書四篇，約一萬一千多字，在思想史上十分重要。第一編《經法》，主要闡述刑名和法治；第二篇《十六經》，主要講兵道；第三篇《稱》，講樸素的辯證法；第四篇《道原》，主要論述道的性質以及如何掌握和運用“道”。唐蘭先生推斷它們就是《漢書・藝文志》道家類著錄中的《黃帝四經》。千百年來，道家的黃帝書，除了一部《老子》外，沒有一部流傳下來。因此，後世只知“老學”，而不知“黃學”。“黃學”與“老學”有什麼異同，黃老之學與申韓刑名之學有沒有關係？等等，這些問題都由於缺乏直接的資料而無法探討，成爲古代哲學史上的一個疑團。現在《經法》、《十六經》等四種古佚書的發現，使我們看到了黃學的要旨，這對於古代哲學思想史的研究有重要的價值。

《戰國縱橫家書》

　　無篇名，因爲內容多記載縱橫家的言行，故取名爲《戰國縱橫家書》。約一萬一千多字，其中有十章見於《戰國策》，八章見於《史記》，除重文外，有十六章是古佚書。

　　帛書中有十四章，即接近三分之二的篇幅是最早流傳的關於蘇秦的書信和談話，其內容主要記載了公元前三百年至二百八十六年間蘇秦爲謀求燕國的強大，爲燕昭王出謀劃策而奔走於齊趙與魏國之間的一些活動。由於這些新的史料集中而密切地聯繫蘇秦的活動，通過帛書的有關記錄，使我們對現存有關史料中的某些錯誤可以得到糾正。司馬遷寫《史記》時沒有見到關於蘇秦的第一手的史料，因而把蘇秦的卒年從公元前二八四年提前到了燕王噲時（前三二〇～前三一一年），把本在張儀之後的蘇秦變成了與張儀東西對壘，而且長於張儀的人物，把公元前三世紀初蘇秦的事蹟，推到前四世紀末，把五國伐秦錯成六國合縱，還推早了四十五年。時序既差，事蹟中既有弄錯的，又有假造的。他的《蘇秦傳》無異於後世的傳奇小說了。

　　《足臂十一脈灸經》和《陰陽十一脈灸經》這兩部有關經脈的古佚書寫作體例與我國現存最早的經脈理論，寫成於秦漢之際的《黃帝內經・靈樞・經脈》有許多相似之處。但從三者文字的具體內容看，有著由簡到繁，由不完備到逐漸周密完善的明顯趨勢，清楚地顯示出由《足臂》到《陰陽》

再到《經脈》的演變痕蹟，代表了經脈學說早期形成過程中的三個階段。

在《足臂》和《陰陽》中還未出現《經脈》這個名稱，《陰陽》中只見《脈》字，而《足臂》中則是使用了更古老的寫法"溫"。

經脈循行方向不同。《足臂》十一脈都是向心性的，在《陰陽》中，循行路線有了初步調整，——手太陽脈和手太陰脈採取遠心性方向，其餘九脈仍爲向心性方向，而至《經脈》則出現了更複雜的循行方法，十二脈中一半向心性，一半遠心性循環。《足臂》與《陰陽》中每條脈各自獨立，互不相干，與五臟六腑沒有聯繫。到《經脈》中，已發展爲與臟腑密切聯繫，各脈依次衍接，成爲周而復始的循環系統。

而最大的不同是：這兩部佚書都只敘述了十一個脈，沒有手厥陰脈。到《經脈》才添了手厥陰脈，構成十二經脈。

《五十二病方》

是一種久已亡佚的醫方專著，現存一萬餘字，醫方總數爲二百八十方。書中提到的病名，初步統計有一百零八個，涉及內科，外科，兒科，五官科等各個方面。抄寫年代不會晚於秦漢之際，具有原始、古樸的特色。不少醫方後註明"已驗"。"嘗試"。"令"，說明它們曾在醫療實踐中經過反復驗證。它是我國迄今爲止發現的最早的古醫方書。

書中二百四十二種藥名中，不見於我國現存最早的藥物專著《神農本草經》的，接近一半。

醫方中開始出現了早期辨證施治觀念，書中還記載了一些外科手術的病例。

外治法在《五十二病方》裡占有很大的比重，所採用的方法除藥敷以外，還有藥浴法，煙薰或蒸氣薰法、熨法、砭法、炙法、按摩法、角法等。角法類似後來的火罐療法，用以治療外痔。這些都是有關療法的最早記錄。

《導引圖》

這幅帛復原後，長約一〇〇釐米，高約五十釐米，上繪四十四人，分列四排。從形態和服飾看，有男女老少，有的穿長袍，有的穿短裙短褲，也有裸背的。都以黑色線條勾邊，然后填以朱紅或青灰帶藍色。

圖前沒有總名，每個圖像側旁都有題字，從運動姿態和所標文字內容推定，應該是古代的導引圖，是我國迄今發現最早的一種醫療保健操圖譜，為研究我國獨特的導引療法的源流提供了很有價值的資料。

圖上標示的文字，部分已殘缺，現存三十一處。從能夠辨認的文字看，大致可以分為以下幾類。

一類是描述運動的姿態。二類是說明這類運動是摹仿哪種動物的形態，如 "㕣北"（鷂背）、"䮾（龍）登"。"

沐猴讙"（獼猴喧嘩）、"爰壣"（猿呼）、"熊經"，"鳥伸"等。第三類數量最多也最重要，它是說明這種運動方法所針對的病症，如"引聾"。"引炅（熱）中"。"引溫病"。"引"就是用導引術來治療某疾病。

三國時，著名醫學家華佗，在總結前代導引術的基礎上，創造了五禽戲，即虎戲、鹿戲、熊戲、猿戲、鳥戲。《導引圖》可以見到五禽戲的端倪。

《五星占》

約六千字，前面是占文，後面是五星行度。在五星行度部分，用表列的形式記載著秦始皇元年（公元前二四六年）至呂后三年（公元前一八七年）六十年間木星的位置；到漢文帝三年（公元前一七七年）七十年間土星、金星的位置，以及其他一些相關內容，是一份極其珍貴的天文資料。它說明在西漢初年，我國對于五大行星的視運動觀察得十分仔細，並認識了它們的某些規律。

據帛書記載：

金星（太白）"正月與營室晨出東方，二百二十四日晨出東方；濇行（淹沒的意思）百二十日；夕出西方二百二十四日，入西方；伏（即潛伏在太陽之下）十六日九十六分；晨出東方"。觀察者已準確地分辨金星上合（濇行期間）與下合（潛伏期間）的亮度變化，這是世界天文史上一件了不起的發現。

把金星運行四階段日數加起來，就是它的會合周期，即五八四‧四日，比現今觀測值五八三‧九二日只大〇‧四八日。

土星會合周期爲三七七日，比今測值只少一‧〇九日。恆星周期爲三十年。

木星會合周期爲三九五‧四四日，比測值只少三‧四四日。恆星周期爲十二年。

這些數據比成書時代稍晚的《史記‧天官書》、《淮南子‧天文》精確度高得多。

帛書還明確地反映了一度等於二四〇分，和一日等於二四〇分的進位，這是我國天文史和數學史上使用二四〇進位制的重要史料。

《天文雲氣占》

這是一種利用星象和雲氣變化占驗災異變故、戰爭勝敗的書籍。其精華是其中的二十九幅慧星圖。所繪慧星，除最後一幅"翟星"以外，都有頭尾兩部分。慧頭畫成一個小圓圈或小點，有的慧頭裡還有一個小圓圈或小圓點，這說明當時在慧髮中心，可能已經發現了慧核。

從現有記錄來看，一顆慧星往往不祇一條尾巴。一七四四年出現的"德‧歇索"慧星，多至六尾，占四十度空間。

帛書上那些畫作多股慧尾的圖像，很類似"德‧歇索"慧星的壯觀景像。

這廿九幅慧星圖，可說是世界上關於慧星形態的最早著作。

《地形圖》和《駐軍圖》

帛書中的《地形圖》，圖面所示是長沙國南部，即今瀟水流域，以及當時南越王趙佗佔領的嶺南地區。繪製時間很可能在漢文帝年間。

復原後的《地形圖》是一幅長寬各九十六釐米的正方形，幅面方位為上南下北、左東右西，與現在通用地圖剛好相反。圖面包括的範圍，大致為東經一一一度至一一二度三十分，北緯二三度至二六度之間，相當於現在廣西全州，灌陽一線以東，湖南新田、廣東連縣一線以西，北起新田，全州一線，南面直至廣東珠江口外的南海。

《地形圖》主區畫得非常精確，經勘對推算，約在十七萬分之一到十九萬分之一。圖中已使用了統一的圖例。凡屬長沙國境內的居民點，縣級用方框，鄉里用圓圈表示。彎曲自然的線表示水道，山脈的畫法是用閉塞的山形線表示輪廓和走向。水道的注記有一定的位置，都在支流入主流的河口處。整個水系還敷以深藍色彩。

圖上共有深水（今瀟水）水系大小水川三十多條，其中至少九條標注了名稱，把圖上深水水系的主要部分同現代地圖作一比較，可以看出河流骨架、流向及主要彎曲都基本相似，有些區域幾乎沒有什麼差別。

圖上還清晰地描繪出南嶺地區山脈縱橫，山嶺盤結成簇的地貌特徵，脈絡分明，一望而知珠江水系和長江水系以此為分水嶺。圖左側，回旋盤互的九嶷山畫得更具特色。魚鱗狀的渦紋線層疊交錯，顯示山巒起伏之勢，很像現在的等高線。向東繪了七個柱狀符號，描繪從側面所能望見的主要山峰。向南繪有九個單一排列的柱狀物，柱頭塗有山形線墨體，可能表示九嶷山的九個山峰。後面的建築物輪廓隱約可見，旁邊註"帝舜"二字。《水經注·湘水》：九嶷山"南有舜廟，前有石碑"，圖上這座建築物可能就是舜廟。

全圖共有縣和鄉里兩級居民點八十多處，其中縣級共有八個，即：營浦（在今湖南道縣）、南平（藍山縣）、舂陵（寧遠縣）、泠道（寧遠縣）、桃陽（廣西全州地區）、觀陽（灌陽縣）、桂陽（廣東連縣）。另有縣名叫齕道，從未見諸古文獻，位置在今湖南與廣東兩省交界地帶。一九七六和七七年，湖南省博物館的考古工作者對《地形圖》中八個古縣邑進行實地調查，除桂陽和齕道尚需進一步落實外，其餘六個縣邑均找到了當時的古城遺蹟。

《駐軍圖》復原後，長九十八釐米，寬七十八釐米，用

黑、紅、田青三色繪製，在地形圖上根據作戰意圖、計劃，
按照地形等條件，標定兵力、武器配置、作戰態勢等情況。
圖上只表示了長沙國自己方面的軍隊，而沒有標明敵方趙佗
的軍隊和軍事內容，說明它是重在防守的軍事地圖。它所包
括的範圍，是《地形圖》的東南部地區，主區位於大深水流
域，即今湖南江華瑤族自治縣的沱江流域，比例大體爲八萬
分之一到十萬分之一，比《地形圖》放大約一倍。南面屬南
越方面的鄰區，畫得粗略，僅爲示意。

　　圖上除山川外，著重表示以下各要素：九支部隊的駐地、
軍事工程、鄣塞、防區界線、交通道路，烽火臺。整個防區
中央，標記了指揮部，是一座三角形城堡，有城垣、五個箭
樓、四個戰樓，並有“復道”（隱蔽的通道）。城堡左側，
還有欄水築壩而成的水塘，旁注“波”。這個指揮部，從圖
所標位置和實地調查，應在江華縣碼市鎮東北約三十里的“
所成”地區。

　　馬王堆三號漢墓中發現的《地形圖》和《駐軍圖》，是
世界上現存最早、具有相當科學水平的實用彩色地圖。它的
出土，給我國地圖學史增添了珍貴的資料。長期以來，由於
缺乏實物資料，對漢代及其以前的地圖水平估價過低。現在，
有了這幾幅漢初地圖，足以證明我國二千一百年前地理科學
和測繪技術已具有了高度水準。這些古地圖之所以如此精確，

顯然是以相當科學的測量方法和數學計算爲依據的。南嶺地區，山重水複，地貌十分複雜，單憑步測繩量是難以進行遠距離、大面積測量的。所以，要取得正確的方位和距離，必須進行間接測量，即"重差術"，利用"相似三角形對應邊成比例"的幾何原理，解決測遠，測山高，測城邑大小等問題。十分可能，馬王堆漢墓古地圖已運用了"重差法"進行測繪和計算。

六、前所未見的繪畫傑作

　　馬王堆一號漢墓內棺上覆蓋著一幅"Ｔ"字形帛畫，它以縱橫馳騁的想像，奇巧的構圖，準確生動的人物形象、變化多端的線條和豔麗的色彩，而被人們譽為前所未見的傑作。

　　馬王堆三號漢墓內棺上同樣覆蓋著一幅"Ｔ"字形帛畫，內容與構圖都和一號墓所出大同小異。在棺室的東、西壁，張掛著兩幅大型的完全寫實的帛畫作品。東壁一幅，嚴重殘破，已無法見其全貌，從殘片上可以看出有房屋建築、車騎、奔馬、婦女划船等場面，其動態的描繪，可說已到出神入化的地步，更令人們對其殘破長久歎息！

　　在這裡著重介紹一號墓所出和三號墓棺室西壁張掛的那幅帛畫。

　　一號墓所出帛畫，竹簡《遣策》記載為："非衣一，長丈二尺"。因之有人稱之為"非衣畫"，它呈Ｔ字形，就像一件短袖長衣。在漢代，常以"非"作"飛"，因此，"非衣"亦即"飛衣"。

　　"非衣"畫以細絹爲地。畫幅全長二〇五釐米，上部寬九十二，下部寬四十七釐米。頂端橫裹一根竹竿，上繫絲帶，可以張舉。中部、下部四角各綴一條長約二十釐米穗狀青黑色麻質縧帶。

　　"非衣"畫在中間最顯著的位置，繪畫著一個老婦人，她被前呼後擁著柱杖緩緩前行。老婦人形體畫得遠比他人高大，用以顯示其身份的高貴。她身穿雲紋繡花長袍，髮飾白珠。根據其體態、服裝、髮飾，並與出土女屍對照，可以肯定所繪即利蒼辛追。這幅畫當是用以"引魂升天"的銘旌。出喪時，作爲靈車前導張舉的儀仗，入壙以後，覆置於內棺蓋板。文獻記載的銘旌，應該是書寫死者姓名，而這幅"非衣"畫，卻是以人像代替的，它連同時代更早的《人物龍鳳帛畫》和《人物御龍帛畫》，都應是銘旌的早期形態。

　　人像上面，繪著華蓋或屋頂，相對棲息著的鳥，似鳳。下面展開雙翼的怪鳥，或是飛廉，即風神。人像兩側，繪雙龍穿璧。璧下懸掛著彩帛帷帳。帷帳下邊，展現著家人祈求死者靈魂升天的祭祀場面。

　　華蓋的上面，也就是帛畫袖與身交接處，畫著有神祇和虎豹把守的天闕，天闕的兩個守衛神拱手躬腰作迎接狀，象

徵天門已開，等候墓主升天來臨。帛畫整個最寬闊的部份是
天國，也就是死者靈魂冀求歸宿的地方，天國被畫得寧靜、
和諧。天國部份頂端的正中，繪著人首蛇身的形象，應是《
楚辭·天問》中"日安不到，燭龍何照"的燭龍，據《山海
經·大荒北經》記載，燭龍具有莫大的威力，能左右晝夜、
四季和風雨，簡直是天上的主宰。

　　人首蛇身像右側有三隻鳥，左側有兩雙鳥，牠們長頸高
足，斂翼垂尾，仰首而鳴，似是古代認爲長壽的鶴。人首蛇
身像下面有兩隻展翅相對的飛鳥，長頸短尾，像是劉邦所作
楚歌"鴻鵠高飛，一舉千里"的鴻雁。再下，正中懸著一鐸
形物，兩側各有一獸首人身的怪物騎在異獸上，向左右飛奔。
牠們手中牽繩，似在振鐸作響。這兩隻獸首人身的怪物，應
是天上的司鐸。所騎異獸，或即天馬，名叫乘黃，又叫飛黃，
成語"飛黃騰踏"的飛黃，就是這種異獸。傳說黃帝曾乘此
馬白日升天，漢武帝曾因飛黃不來而望天興嘆！

　　畫中天上部分左上角繪一輪紅日，裡面有一隻黑色的烏
鴉，見於記載的神話傳說中說：太陽裡有一隻三足的金色烏
鴉，是日的精靈。而這裡所繪爲黑色，且祇兩足。圓日下面，
有八個小紅球。有人說它們是八個小太陽，歇息在扶桑樹葉
間。古代有十個太陽的傳說，但爲什麼畫上只有九個呢？有
各種推測。其中之一認爲，參照三號墓所出非衣帛畫，天國

部分繪著衆多的星斗，因此理應是夜間的景況。古代認爲人
死了，到了冥界，有如漫漫長夜。這裡所繪，可能是晚間的
九個太陽，一個太陽已站在扶桑樹巓，準備去換班。而白天
已經值日的一個太陽尚未歸來。

　　帛畫中的天上部分左上角有一彎新月，月中有蟾蜍和玉
兔。月牙下面有一女子，坐在飛龍翅上，兩手托起月牙。有
人認爲這象徵嫦娥奔月的故事。但是，倘若聯繫漢魏以來的
畫像和石棺以及墓室壁畫上習見的日神擎日、月神擎月的圖
像分析，那麼，畫面上乘龍托月的女子，就不應該是奔月神
話中的嫦娥，而是月神了。

　　畫師利用帛畫 "T" 字形的橫與豎的分界作爲天上與人
間的分界，把幻想的天國與現實的人世巧妙地分開，但又有
機地聯繫著。

　　帛畫的最下端，繪著兩條交互的鰲魚或鯤，牠們的背上
蹲著一個赤身裸體的力士，雙手托著象徵大地的白色扁平物。
托地的力士可能就是載地的地神。地神兩側，各有一龜，背
上站著鴟鴞，使人想起《楚辭，天問》所說："鴟龜曳銜，
鯀何聽焉，" 的鴟龜。

　　三號墓棺室西壁彩繪帛畫長二一二釐米，寬九十六釐米，
畫了車馬，儀仗場面。大致可分四個部分：在畫面的上方有
人物兩行，上面一行，行首一人頭戴劉氏冠，身穿長袍，腰

佩寶劍，後有侍者執傘蓋，當為墓主。其後是他的屬吏，一行二十人，均著紅、白、黃、黑等色袍服，手執長戈。下面一行，近三十人，手執彩色盾牌，似是墓主侍從武士。這兩排人物，面向右方，都作行進狀。前面繪一個土築五層高臺，應為古代檢閱或舉行祭祀活動的壇。圖上的墓主人及其侍從正在徐徐登臨高壇。

　　畫的左下方，是由一百餘人組成的方陣。除上面一方為四十人外，其餘三方都是二十四人。上下兩方，垂手肅立。左右兩方，手執長矛。面容全部向著墓主人及其侍從的行列。在方陣之中，是鳴金擊鼓的樂隊場面。由於帛畫表現的是一次盛大的儀式，所以樂隊在畫面上佔據著明顯的位置。

　　帛畫的右上方是整齊的車隊，能夠清楚看見的有四列，每列有車十多輛，車駕四馬，馭者坐在輿內。這些車似在應著金鼓之聲轔轔駛進。車騎行列的後面，還露出了一列馬頭，表示車輛還在源源不斷地到來。

　　帛畫右下方，是十四縱列的騎從，每列六騎，畫面上只能見到臀部，后肢及騎者的背影。騎從行列的兩側，各有騎在馬上的將士。整個騎從行列總共約有一百餘騎。

　　帛畫上的所有人物、車騎，都面向墓主人，足見他是全畫的中心，是畫面上眾多人物中身份最高的一個，全部活動都是圍繞著他而展開的。畫面幾乎全是武卒、車騎、隨從，所以表現的很可能是墓主人生前舉行盛大檢閱儀式的車馬儀仗。因此，這幅帛畫，可以稱作《車馬儀仗圖》。它是迄今所見第一幅完全描繪現實生活的繪畫作品。構圖上突破了過去那種呆板、平列的形式，巧妙地把幾十乘車，二百多匹馬和二百多個人物組織在一個畫面上，有條不紊，空間和虛實的處理都很講究，布局合理，從全面來看，是一個完整的鳥瞰式的檢閱場面，各個部分都相互聯繫，服從於整個畫面的總的主題。

在"非衣"畫和"車馬儀仗圖"中，畫師對人物的描繪，由先秦時的正側面，進展到能夠表現半側面，這在技術上是一個重大的突破。在色彩上，明快、典雅、高麗，雖然基本上是用單線平塗，但在許多地方，具有類似後世建築彩畫的退暈畫法。帛畫中還採用了渲染畫法，可見它並非像有些人所說，是隨著佛教藝術從外國傳進來的。

馬王堆漢墓帛畫，在美術史上的價值是無與倫比的，它為我們研究漢初的繪畫藝術提供了無可替代的實物資料，使我們對這個時期以至更早的繪畫藝術成就，可以作出新的評價。

七、音樂文化寶庫的稀世奇珍

　　我國具有歷史悠久的音樂文化，民族風格獨特的樂器體系早在秦漢以前即已形成。如按構造的質地區分，有金、石、土、革、絲、木、匏、竹等八大類，因此過去曾把樂器稱爲八音。漢、唐、宋各代，又在吸收域外音樂的基礎上，引進或創造了一些新的樂器品種，如琵琶、胡琴等。這樣，民族樂器更臻齊全，而且風格各異。

　　歷年的考古發掘，積累了音樂史的大量實物資料，而馬王堆漢墓出土的樂器和有關竹簡記載，更大大豐富了音樂文化史的寶庫。

　　馬王堆一號墓竹簡遣策上有"瑟一"、"竽一"、"竽律"等記載，而三號墓竹簡遣策上有關樂器和演奏的記載更多。如"河間瑟一，鼓者一人"（河間在今河北省東南部），"鄭竽、瑟各一，吹鼓者二人，""楚竽、瑟各一，吹鼓者

二人"，"瑟一"，"竽一"，"琴一"，"羌笛一"（疑
爲笛）、"筑一，擊者一人"，"建鼓，鼓者二人"，"大
鼓一"，"鐃鐸各一，擊者二人"，"擊錞于，鐃鐸各一人
"，"鐘鏗（磬）各一‥擊者二人"，"鐘鑱各一"。涉
及到的樂器有鐘、磬、鑱、鐃鐸、錞于、瑟、竽、筑、琴、
笛、建鼓大鼓等。這些樂器，在一、三號墓中能見到實物的
有瑟、竽、琴、笛、竽律五種。其餘或見於帛畫的圖像中，
如建鼓、鐃鐸等；有的則以小型明器象徵，如鐘、磬、筑等。

　　瑟，是中國古代的一種彈撥樂器，歷史久遠，古代有伏
羲氏造瑟的傳說。文獻記載最早見於《詩經》："琴瑟友之，
鐘鼓樂之"，春秋戰國時，奏樂鼓瑟風靡一時，西漢時仍很
流行。漢文帝出巡霸陵，慎夫人鼓瑟，他自己則倚瑟而歌。
到了公元四世紀，有一種曲項琵琶通過印度傳入我國，在隋
唐時代盛行，一定程度上代替了瑟的位置。

　　一號墓出土的瑟，是現已發現唯一完整的西漢初期的瑟。
据不完全統計，截至目前爲止，春秋戰國時期信陽、江陵、
長沙等地楚墓中出土的瑟已有三十來具，其中絕大多數形制
與此具相同。但都殘缺不全，特別是柱位不詳，對其如何調
弦更無從推定。而一號墓這具瑟，不僅完整無損，就連二十
五根用四股生絲左旋搓成的弦一根未斷，二十五個橋形弦柱
雖略有移動，但根據瑟面和弦上痕跡可以復原。這樣爲研究

周漢時期瑟的調弦提供了難得的實物資料。

　　這具瑟瑟體爲木質，長一・一六米，寬〇・三九六米，瑟面略作拱形，瑟體下嵌一釐米厚底板，底板兩端，有首越尾越。瑟面有首岳一條，尾岳三條，有四個繫弦錫頭木枘。三條尾岳將二十五根弦分成外、中、內三組，分別爲九、七、九根。中組較內外組略長且粗。各組由內往外，弦徑逐漸加粗。看來中七弦與內九弦構成一個連續的系列，外九弦則另成一個單獨的系列，符合於發音高低的要求，有助於高低音音量的統一。內外九弦尾部各有一絳色羅綺帶穿插於弦間，推測其作用，一是將弦分開，以保持弦距和柱的穩定；二是消除彈奏時引起的共鳴所產生的干擾。

　　歷來關於瑟的調弦有三種主張。一種爲十二律呂半音調弦；一種爲宮、商、角、變徵、徵、羽、變宮七音調弦；另一種爲宮、商、角、徵、羽五音調弦。這具瑟，由任一低音弦算起，順序推到其後的第十三弦，該弦弦長大大地小於第一低音弦之半，因此不屬半音調弦。從任一低音弦算起，順序推到其後第八弦。該弦弦長也大大地小於第一低音弦之半，所以也不會是七音調弦。而由某些低音弦算起，順序推到其後第六弦，該弦弦長與第一低音弦半長最接近，適於發出高八度音。第四弦弦長往往接近第一弦弦長的三分之二，適於發出高五度音，因此，極可能是按《後漢書》中所說黃鐘瑟的"徵、羽、宮、商、角"五聲音階調弦。這五聲大致相當於現代音樂簡譜上1 (do)、2 (re)、3 (mi)、5 (sol)、6 (la)。

這座墓出土的三件鼓瑟木俑和黑地彩繪棺頭檔的圖像為探索漢代瑟的演奏方法提供了直接的證據。

三件鼓瑟木俑所顯示的,是並用兩手食指同時彈弦的一種奏法。鼓瑟者踞坐,瑟橫置於膝前,雙臂向前平伸,兩手掌心向下,臨於瑟的上方,大指屈向掌心,食指內勾,兩指形成環狀,其餘三指則微屈,兩手食指同時作抹弦之勢。黑地彩繪棺上怪獸鼓瑟圖像所繪是另一種奏法:將瑟面左斜靠膝上,另一端著地,右手彈膝上一端的弦,左手按瑟面中部的弦。這兩種鼓瑟的樣子,在漢代畫像石上都能見到。

竽,是一種音域較廣的低音簧管樂器,起源很早,殷墟早骨中已有竽的象形文字記載。先秦文獻中說:"竽也者,五聲之長也,故竽先則鐘瑟皆隨,竽唱則諸樂皆和"。春秋戰國至漢以前,竽被視作重要樂器。《韓非子・內儲說》記載齊宣王"使人吹竽,必三百人",《楚辭,九歌・東皇太一》有"揚枹兮柎鼓,疏緩節兮安歌,陳竽瑟兮浩倡",說明竽和瑟常作為聲樂主要伴奏樂器,互相配合。但當時的竽是什麼樣子,因其質料是竹、匏或木,極易腐朽,因而從未見到完整的實物。直到馬王堆一號漢墓中出土了一具完好的竽,才使我們得以了解二千一百多年前竽的真實面貌。

　　這具竽有二十二根竹質的竽管，前後兩排，插在一個木質的帶有吹口的竽斗上，最長的竽管長七十六釐米，最短的十四釐米。樣子和現在的笙差不多。關於竽和笙的區別，一說是大者為竽，小者為笙；一說是音位排列及簧片數目不同，三十六簧為竽，十三——十九簧為笙。這具竽，竹簡遺策上明確記載著它的名稱。從外形上看，很像實用樂器；但仔細檢查其結構，發現吹口與竽管不能通氣，上端無氣孔，斗內無氣槽，也沒有簧片痕跡，表明它只是一具製作十分逼真的樂器模型。而三號墓出土的一具竽，雖然已經嚴重破損，卻無疑是實用的樂器，因為從中發現了二十三個簧片和四組折疊管，個別完整的竽管上還看得出氣眼和按孔。這樣，將實用器和模型器兩相對照研究，竽的構造也就大致瞭然了。

　　三號墓竽上的簧片，是目前發現最早的實物。它用很小的薄竹片削製而成，樣式和現在的笙簧相同。令人驚嘆的是：在好幾個簧片上還發現有銀白色小珠，這就是現今演奏時還在繼續沿用的點簧，作用是改變簧片的重量，調整振動的頻率以控制音高。這具竽的竽管用細竹管製作，分單管和折疊管兩種。單管側邊有氣孔，下端有按孔，插入竽斗的部份開著插口，用以安置簧片。竽斗是用匏做成的。折疊管有四組，每組由長短不一的三根管並列粘合而成。最短的第三管，上端開口，有氣眼。最長的一管下端插入竽斗，有簧片。三根管中間有孔相通，相當於一個長管折疊起來，它類似現代樂器圓號彎曲的號筒，可以避免管筒過長礙事，又可延長管內有效氣柱，能吹出較低的音。這種巧妙的設計，在目前通用的笙中也是少見的。

　　和竽同出的還有竽律一套，共十二管，用竹製成，長短不一，從一○・一釐米到一七・六五釐米不等，裝在一個乘雲繡和黃絹縫製的長方形竽律袋裡，每小袋一管。各管均中空無底，律管下部墨書十二律呂名稱，即黃鐘、大呂、太簇、夾鐘、姑洗、仲呂、蕤賓、林鐘、夷則、南呂、無射、應鐘。但律管有誤裝，律呂有誤標。漢代十二律呂與現代簡譜對照，大致相當於（從低到高排列）：黃鐘—C，大呂—#C，太簇—D，夾鐘—#D，姑洗— E，仲呂—F，蕤賓—#F，林鐘—G，夷則—#G，南呂—A，無射—#A，應鐘—B。古代用長短不同、按一定長度規律製作的十二根律管，吹出十二個音高不等的標準音，以確定樂音的高低，因此十二個標準音，也就叫十二律。律管的作用、類似現在的定音哨、正律器。當時的科技條件下，正律器不外弦、管兩種途徑。律管按材料區分，有竹律、銅律和玉律，但玉律極罕見。管律按用途和形制區分，有竽律、笛律等。馬王堆漢墓所出註明爲竽律，因此明確是用以調竽。但律管長度與按三分損益律應有長度不相符，多數偏長。有人認爲這僅是一具明器。但也有人認

爲漢京房早就提出 "竹聲不可以度調" ，因爲漢代在管律計
算中不作管口校正，因此，漢代的竽律是否另有制度，尚待
研究。

　　琴，中國古老的撥樂器，也稱瑤琴、玉琴，現代稱爲古
琴、七弦琴，它是中國古代文化生活中十分重要的樂器，古
琴的通常形制是：木質，面板就是指板。琴身寬的一端爲頭，
琴頭上嵌有承弦的岳山，尾端有承弦的龍齦和保護琴尾的焦
尾，琴的全身是扁平共鳴箱。琴面外側有十三個用貝、玉石
或純金製的圓點，即琴徽，是泛音的標誌，也是音位的重要
根據。琴背有大小不等的兩個出音孔，大的稱龍池，小的稱
鳳沼。七弦。弦一端打成結，掛在穿過琴頭的絨剅上，然後
壓在岳山，拉過琴面，繞過琴尾，拉到預定音高，分別纏在
琴底的兩個稱爲雁足的木柱上。絨剅用絲絨或絲線捻成如繩
狀，穿繞在木製或玉製的琴軫上。轉動琴軫使絨剅因鬆緊而
改變長短可以調音或轉調。中國現存的傳世古琴最早的是故
宮博物院珍藏的著名唐琴 "九霄環佩" 和 "大聖遺音" ，更
古的琴，則一具也沒有流傳下來。而馬王堆三號墓出土的琴，
使我們有緣了解古琴形制演變的一些過程。這具琴與傳世古
琴有諸多相同之處。如琴面用桐木，背板用較硬的梓木；也
有龍齦、雁足等部件。但也有不同之處，如面底之間刻有 "
Ｔ" 字槽，這可能是後世琴上龍池、鳳沼和軫溝的前身，三

者尚未分開，在“Ｔ”字槽相當於軫溝的部位，安置有七個旋弦的軫子，可惜七根琴弦已腐朽不存了。按《西京雜記》和《淮南子》記載，秦漢時的琴已有琴徽，而這具琴沒有琴徽，琴的腹面下留下十分明顯的摩擦痕跡，看來它曾經長久使用過，也許還是先秦時的遺物。考古發掘中曾在曾侯乙墓裡發現過古琴，但為十弦。最近在長沙燕山嶺一號戰國墓中出土了一具七弦琴，說明戰國中晚期七弦已成為琴最流行的規格，而到漢代，則琴徽開始出現，古琴基本定形了。

八、後　話

　　馬王堆一號漢墓發掘過程和出土情況，攝製了新聞片《考古新發現》，影片飛過高山大洋，讓世界各國人民看到了這一令人嘆爲觀止的考古學奇跡，看到了中國人古代超群的智慧和創造能力。馬王堆女屍解剖後，又拍攝了《西漢古屍研究》，重現了女屍解剖的全過程。馬王堆二、三號漢墓的發掘和出土，在紀錄影片《馬王堆二、三號漢墓發掘記》中作了全面的介紹。

　　包括筆者在內的三位考古工作者；以最快的速度，完成了大型考古專利《長沙馬王堆一號漢墓》的編寫，於一九七四年由文物出版社出版。之後，很快被譯成日文，在日本出版發行。一九八二年，文物出版社又出版了筆者和另一位先生合寫的《長沙馬王堆漢墓》，以雅俗共賞的方式系統地介紹了軑侯家族墓葬的整體情況及現有研究成果，印行數萬冊，很快被購一空，可見人們對馬王堆漢墓迫切希望瞭解。

　　國內多個學科的學者，對馬王堆漢墓出土文物資料及相關問題從多方面開展了深入研究並寫出了不少有學術水平的專著，如《馬王堆一號漢墓古屍研究》、《長沙馬王堆一號漢墓出土紡織品的研究》、《長沙馬王堆一號漢墓出土動、植物標本研究》、《古地圖》、《導引圖》等。馬王堆三號漢墓出土的帛書，經過國內眾多德高望重的學者，如唐蘭、張政烺、李學勤、顧鐵符等先生多年整理，由文物出版社以線裝本的形式出版，計畫共作七大函將全部資料發表，現已出版發行了四大函。其餘，很快也將陸續付梓印行。考古學家、醫學家自動結集，組成了民間研究團體長沙馬王堆醫書研究會，編輯出版了《長沙馬王堆醫書研究專刊》，並發起組織馬王堆漢墓醫書國際學術討論會。一九七九年六月，在美國舊金山舉行了馬王堆漢墓出土帛書國際學術討論會，反映了各國學者對馬王堆漢墓濃厚的興趣。

　　全面記錄和論述馬王堆二、三號漢墓出土文物資料和相關問題的大型考古專刊《長沙馬王堆二、三號漢墓》，已經基本編纂完成，爭取在一九九二年，即馬王堆漢墓發掘二十周年之際出版。

　　從馬王堆一號漢墓出土以來，十多年的時間內，國內外報刊上介紹和研究的文章不下千篇。

　　馬王堆三座墓葬的出土物得到了妥善的保護和保養。對絲麻織物，服飾採取了嚴格的防氧化，防紫外線的技術處理措施，出土飽水漆器、木俑和竹簡大多已完成了脫水處理。女屍經過解剖後，將其軀體和內臟分別裝置，浸泡福爾馬林等的腐液，置放於嚴格恆溫的地下室，並有醫學專家嚴密觀察、管理。因此，十多年來，安然無恙，未見明顯變化。馬王堆漢墓現場一、二號墓恢復了原先土塚的外貌，三號墓保留了墓坑，加固後用大跨度的頂棚加以保護，以供嚮往者觀瞻。一九七四年，用巨款在湖南省博物館內建成了馬王堆漢墓陳列館，用以陳列女屍，棺槨和有代表性的出土文物。這個陳列館，設計講究，條件優越，配之以大功率的空調設備，保證了展室內恆溫恆濕。馬王堆漢墓陳列館十多年來接待了國內外觀衆，游客三百多萬人，其中有來自世界一百多個國家和地區的客人十多萬，代表團三千多個。至今，馬王堆漢墓出土物的吸引力和盛名仍然不衰，慕名而來的各大洲不同膚色客人仍然絡繹不絕。參觀者無不感到驚異和幸運。日本友好書屋讀者代表團一九七五年四月參觀了馬王堆漢墓陳列館後，代表團安宅先生說：“三號墓的帛書在日本報紙上是用頭版頭條報導的。特別是帛書中的《德道經》，在日本引起了極大興趣！”一九八四年美國博物館學會代表團的一位代表參觀後說：“在中國看了很多博物館，我認爲最好的有兩個：一個是秦始皇兵馬俑博物館，一個是馬王堆漢墓陳列館。"

馬王堆漢墓文物曾飄洋過海到日本、美國的多個城市展出，也曾到香港展出，所到之處，都受到各階層人士的普遍歡迎和激賞。

雖然眾多學者苦心鑽研，成果累累，但馬王堆漢墓仍有很多未解之謎。比如：軑侯家族另幾位爵位繼承人的墓葬葬在何處？利蒼墓坑上圖下方，有何特殊含義？一號墓第二層黑地彩繪棺上眾多神怪，究係何物，是否本於某一個系統的神話傳說？兩幅非衣帛畫中神話內容的確切解釋如何？女屍兩千多年不腐，除密封和地下恆溫恆濕等物理方面的原因外，是否有目的地置放了防腐藥物？這些都是觀眾在參觀時經常提到的問題，也是我們覺得仍需進一步深入探討，才能給予觀眾滿意答案的問題。

彩色圖版

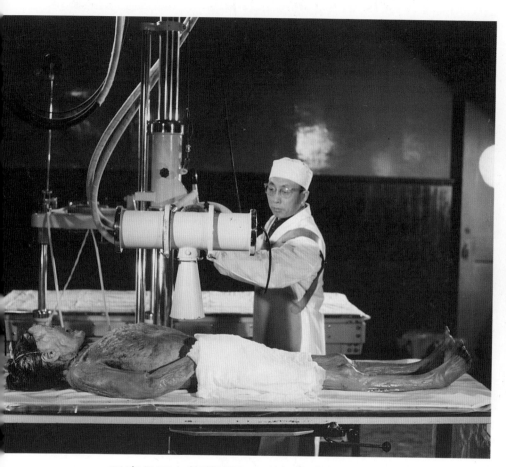

研究員正在整理研究二千年的漢朝女屍

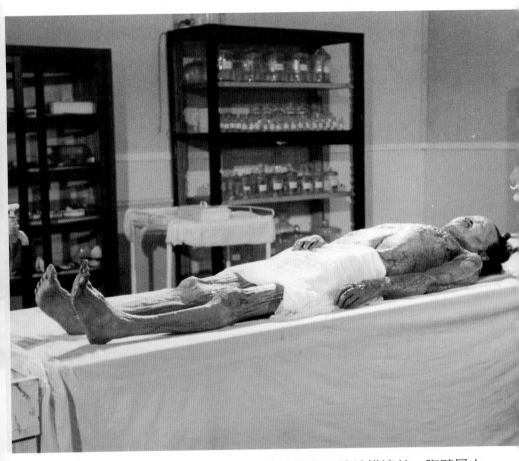

這具二千年的漢朝女屍，不僅肢體內血管結構清楚，腹壁層次分明，甚至像頭髮般細小的肺部迷走神經叢，也還歷歷可數。

朱紅綺綿袍（1號墓出土）

印花敷綵絲綿袍（1號墓出土）

1號墓第三層棺——朱地彩繪漆棺頭檔

1號墓第二層棺——黑地彩繪漆棺

1號墓黑地彩繪棺細部

1號墓黑地彩繪棺細部

1號墓黑地彩繪棺細部

1號墓黑地彩繪棺細部

乘雲繡（1號墓出土）

羅地信期繡（1號墓出土）

雲紋漆匜（1號墓出土）

雲紋漆盤（1號墓出土）

《信期繡》香囊（1號墓出土）

青絹履（1號墓出土）

絹裙（1號墓出土）

二十五絃瑟（1號墓出土）

雲紋漆鼎（1號墓出土）

漆案和其上的漆盤、卮（1號墓出土）

彩繪陶鈁（1號墓出土）

漆鐘（1號墓出土）

着衣戴冠俑（1號墓出土）

彩繪木俑（1號墓出土）

馬王堆3號墓正在發掘中

馬王堆3號墓外槨蓋板揭開後俯祝

油彩繪漆奩盒（3號墓出土）

陸博（3號墓出土）